AF509723

FACULTÉ DE DROIT DE PARIS.

THÈSE
POUR LA LICENCE.

L'acte public sur les matières ci-après sera soutenu le lundi 26 avril 1847,
à deux heures,

PAR ANTOINE DENIS,
NÉ A VERSAILLES, LE 26 FÉVRIER 1821.

M. DUCAUROY, Président;

SUFFRAGANS :
{ MM. DEPORTETS,
ORTOLAN,
COLMET-D'AAGE. } Professeurs.

DELZERS, Suppléant.

Le Candidat répondra en outre aux questions qui lui seront faites sur les autres matières
de l'enseignement.

VERSAILLES,
DUFAURE, IMPRIMEUR DE LA PRÉFECTURE ET DES TRIBUNAUX,
rue de la Paroisse, 21.

1847

A la Mémoire

de ma Mère bien-aimée,

26 AVRIL 1847!!!

JUS ROMANUM.

DE ADIMENDIS ET TRANSFERENDIS LEGATIS.

(*Dig. Lib. XXXIV, Tit.* 4.)

Quæ priore scriptura, dominante jure romano reliquerat testator, ea semper posteriore corrigere, commutare, rescindere poterat, namque ambulatoria est defuncti voluntas usque ad extremum vitæ exitum; hinc nascebantur legatorum ademptio et translatio. Quæ cum ita sint bifariam thesim nostram distribuemus, de legatorum ademptione priore in parte disserturi, in posteriore de translatione.

CAPUT I.

De Legatorum ademptione.

Ab illo qui de legatorum ademptione disserit, tria sunt perpendenda :

1.º Quomodo fieret legatorum ademptio et unde præsumebatur adimendi voluntas;

2.º Cui personæ et quæ res utiliter adimi possent ;

3.º Quis esset hujus ademptionis effectus.

§ I.

Legatorum ademptio nuda testatoris voluntate manifeste vel tacite patefacta fiebat.

Fiebat adhuc ademptio, vel pure vel subconditione.

Expressim adimebantur legata sive eodem testamento, sive codicillis (*).

Jure antiquo, quamdiu viguerunt verborum solemnitates, tantum adimebatur legatum eodem modo (id est contrariâ formulâ), quo fuerat datum, scilicet si quamdam rem quis ita legasset : do..., lego..., ita adimeret, non do..., non lego..., sed quum Justinianus, verborum solemnitates minuens legata fideicommissis æquaverit, nuda voluntate pariter adimi potuerunt.

Tacitè adimebatur legatum quotiescumque ex diversis circumstanciis colligebatur testatoris adimendi voluntas, ut puta, si testatorem inter et legatarium capitales vel gravissimæ inimicitiæ intercessissent nisi in amicitiam iterum rediissent, et pœnituisset testatorem prioris offensæ; sin autem levis esset offensa, maneret legatum (*Dig.*, *lib.* 34, *tit.* 4). Item ex conviciis quæ in legatarium jactaverat testator, exempli causâ, si postrema scriptura testator ingratum libertum esse adjecisset, colligebatur adimendi voluntas.

(*. Eodem testamento, namque posteriore prius testamentum ipsum in universo antiquabatur.

Tacitè adhuc legatum ademptum censebatur, si rei legatæ facta fuisset alienatio voluntaria, etiam si non valeret donatio aut venditam rem testator redimeret, quod hinc legatum ademisse testator intelligebatur, et illinc vendita res
non jam in priori conditione manere et ex novâ causâ in testatoris dominium
rediisse videbatur.

Si tamen rem legatam testator aut fiduciæ aut pignori dedisset, cum hanc rem
facillime recipere posset, à priori voluntate non recessisse videbatur.

Pariter si, necessitate urgente, rem legatam testator alienasset, adimendi
voluntatis probatio hæredi incumbebat, et hac deficiente probatione, valebat
legatum et tenebatur hæres rem venditam redimere et legatario præstare.

Si vero ea res relicta fuisset in quâ magis pretii quantitas quam ipsum corpus
spectaretur et pretium in testatoris patrimonium versum fuisset, non ex eo
colligebatur adimendi voluntas; neque colligebatur ex posteriore testamento
non jure facto, in quo nihil vel aliud relinquebatur ei cui in priore relictum erat.

Colligebatur tandem adimendi voluntas ex eo quod finem imposuerat defunctus causæ propter quam reliquisse censebatur.

Actionem scilicet legatarius habebat ut rem tacite ademptam peteret, sed
tunc exceptione doli à prætore hæredi concessa repellebatur.

§ II.

Quod datum fuerat adimi poterat tam pure quam sub conditione, non libertis
tantum sed etiam ingenuis, sed legatum non adimebat nisi qui dederat, nec
alteri adimebatur quam cui datum, nec aliud adimebatur, quam quod fuerat
datum aut pars ejus.

Rei ademptio non valebat nisi quæ relicta esset, ea ipsa res adimeretur;
unde si loci usum et fructum legasset testator et iter ademisset, non valeret
ademptio, nec vitiaretur legatum (**D.** *lib*. 34, ***tit***. 4, § 6), aut si genere legato
certa species subduceretur, veluti si, homine legato, Stichus adimeretur, non
perimeretur legatum, sed extenuaretur, ita ut Stichum legatarius eligere non
posset, sin autem plusquam dedisset adimeret testator, valeret ademptio, veluti
si quis viginti nummos legasset et quadraginta adimeret, cum in majore summâ
minor insit.

Sed non valebat partialis ademptio earum rerum quæ pro parte relinqui non
possunt.

§ III.

Si pure facta fuisset ademptio, nullo modo legatum debebatur; sed si sub
conditione quod pure datum ademptum esset, legatum sub contrariâ conditione
debitum intelligebatur.

Quod si autem legatum fuisset inutiliter datum, veluti si, domino hærede
instituto, servo pure legatum esset, et si sub conditione ademptio intervenisset, non illud tamen legatum confirmabatur, interveniebat etenim ademptio
quo minus, non quo magis legata deberentur.

CAPUT II.

De Legatorum translatione.

Nunc ad legatorum translationem pervenimus; hanc quatuor modis translationem fieri Paulus nos docet (*D.*, *lib.* 34, *tit.* 4·6), id est : 1.° Translatione à personâ in personam ; 2.° ab eo qui dare jussus erat ut alter daret ; 3.° mutatione rei venditæ in alteram ; 4.° mutatione legati pure dati in conditionale, aut vice versâ.

Melius tamen dicendum putamus, unius generis esse translationem, id est cum legata res à legatario ad alterum transfertur; in cæteris etenim modis potius adest mutatio quædam quam vera translatio, et dialectice ageret qui hoc caput bipartitum disponeret, priore in parte disserens de translatione à persona in personam, quam propriè dictam translationem vocaret, in posteriore vero de cæteris modis, seu de impropriè dicta translatione, sed quum in consuetudinem ceciderit à Paulo divisio instituta, hac divisione utemur.

§ I.

Hoc exemplo apparet à personâ in personam translatio : hominem Stichum quem Seio legavi, Titio do, lego... Illud vel eodem testamento vel codicillis fiebat.

Hæc translationis species duo continebat : 1.° ademptionem legati ei personæ factam à qua fiebat translatio ; 2.° legatum relictum ei personæ in quam fiebat translatio.

Nec erat distinguendum utrum translatio effectum sortiretur nec ne, scilicet an posterius legatum non valeret, ut puta si transferretur legatum in eum quocum factio testamenti non esset, hoc enim casu, cum adimendi voluntas clare apparuisset, legatum priori non debebatur ; translatio etenim duos habebat effectus qui separatim existere poterant, prius adimebat legatum et alterum formabat.

Sicut translatio ipsa, ademptio quæ in translatione continebatur aut pura aut conditionalis erat.

Quod si alteri sub conditione legeretur quod alteri pure datum esset, non plene recessum videbatur à priore, sed ita demum si conditio sequentis extitisset, nisi hoc animo fuerit testator ut omni modo recessum à priore putaverit.

§ II.

Colligebatur adhuc translatio, si ab eo qui dare jussus esset transferretur ut alter daret, ut puta : Quod à Titio dedi, à Mævio dari jubeo, namque in hac specie, quamvis solerent esse duo ejusdem rei debitores, verius erat tamen hoc casu ademptum esse legatum ; cum enim dico : Quod Titium dare damnavi Mævius damnas esto dare, videor dixisse : Ne Titius det.

Sed non censebatur defunctus legata transtulisse ex eo solo quod in codicillis ad omnes spectantibus hæredes, ea quæ quibusdam ex illis legavisset, iteravisset.

§ III.

Tertia species translationis, de qua multum inter veteres disputatum fuit, apparebat cum res pro re dabatur, scilicet si pro fundo decem aurei legarentur ; novissima etenim voluntas servari debebatur.

Et quidem, etiam si testator non expressisset rem loco ejus quæ prius legata fuisset relinquere, tamen transferendi voluntas ex factis incidentibus præsumebatur, quum, ut exemplo sit, ex æquandorum hæredum gratia legatum relictum fuisse videbatur.

§ IV.

Quartà in specie legatorum translationis perpendere quod fuerat in animo defuncti præsertim necesse erat, scilicet quod alteri pure relictum eidem sub conditione aut onere adjecto si relinqueret testator, et hanc quasi aliam rem esse vellet, quod pure relictum statim debebatur, et quod sub conditione adscriptum, non alioquin quam si extitisset conditio ; sin autem eamdem rem, mutata voluntate, relinqueret, pura datio jam conditionalis efficiebatur.

Sæpe difficillimum erat discernere utrum testator legatum transferre voluisset, an bis eamdem rem legare, ita ut inter se concurrerent duo legatarii conjuncti re tantum : idem et evenire poterat ut translatio commixta fuerit vulgari cum substitutione quà in locum prioris novus vocabatur legatarius, quum prior legatam colligere aut non posset aut nollet. Cum ergo res ita se haberent multum inter erat quid defunctus voluisset.

DROIT FRANÇAIS.

CODE CIVIL. — Art. 954, 959. — 1035. — 1047. —1089.

Loi du 24 juin 1843, art. 2.

Dans toute société, l'homme est soumis à deux sortes de lois, différentes dans leur origine et dans leurs effets; mais marchant néanmoins vers le même but, le bien; nous voulons parler des lois naturelles et des lois civiles (1): les premières éternelles et immuables comme Dieu, de qui elles émanent; les secondes restreintes, changeantes et perfectibles comme l'homme dont elles sont l'ouvrage.

Destiné par sa nature à vivre en société, l'homme doit un égal respect, une égale obéissance à ces deux sortes de lois. En effet, si les premières règlent les grandes et saintes institutions, le mariage, la puissance paternelle, par exemple; les secondes sont nécessaires pour en régler l'exercice, en combler les lacunes, les suppléer; en un mot, elles sont nécessaires pour régler les rapports qui doivent exister entre les citoyens, suivant les mœurs et les usages des peuples.

Nous trouvons un exemple de la nécessité de l'union du droit naturel et du droit civil dans la propriété qui se rattache à la fois à l'un et à l'autre; car si c'est du droit naturel que le principe de la propriété et la liberté de disposer qui en est la conséquence, tirent leur origine, c'est du droit civil que dérivent les règles qui en déterminent l'usage et les prohibitions que le législateur a dû établir dans l'intérêt de la société et de chacun de ses membres.

Ce sont ces règles et ces prohibitions, dans quelques-unes des exceptions qu'elles comportent qui font l'objet de notre thèse, et que nous allons tâcher d'exposer aussi bien que notre faiblesse nous le permettra.

CHAPITRE I.

Exception à la règle de l'irrévocabilité des donations entre vifs.

On peut acquérir à titre universel ou à titre particulier de deux manières, par donation entre vifs et par testament.

---

(1) Nous nous servons des mots : lois civiles par opposition aux lois naturelles, pour exprimer les lois arbitraires qui tirent leur force de la volonté seule du législateur, et que nous devrions plutôt appeler lois conventionnelles.

Quand on réfléchit sur cette matière, on comprend que le législateur a dû mettre l'homme en garde contre lui-même, contre ce penchant qui l'entraîne à donner légèrement, sauf à se repentir ensuite et à vouloir reprendre ; de là le principe de l'irrévocabilité des donations entre vifs. Tout absolu qu'il est, ce principe a cependant dû fléchir devant certaines considérations ; mais on comprend qu'il a fallu des considérations bien fortes et qu'on ne pouvait laisser à l'arbitraire de chacun le soin de déterminer. Aussi le législateur a-t-il pris soin de fixer lui-même les causes qui peuvent faire fléchir cette règle de l'irrévocabilité des donations entre vifs.

Ces causes sont au nombre de cinq : 1.° l'inexécution des conditions sous lesquelles la donation a été faite ; 2.° le retour conventionnel ou légal ; 3.° la survenance d'enfans ; 4.° l'ingratitude ; 5.° et enfin la seule volonté du donateur, s'il s'agit de donations faites entre époux pendant le mariage.

Deux de ces causes seulement doivent trouver place dans notre thèse, ce sont l'inexécution des conventions et l'ingratitude.

§ Ier. — *De la révocation pour inexécution des conditions.*

Le donateur peut imposer à sa libéralité telle condition qu'il juge à propos. Il ne faut cependant point entendre ce mot condition dans un sens trop large ; la condition doit être possible et licite, sans quoi elle pourrait, suivant les circonstances, être réputée non écrite ou entraîner la nullité de la donation ; cette expression désigne seulement les charges et obligations imposées au donataire.

Et ici, dès l'abord, s'offre une question fort épineuse et qui divise les meilleurs esprits. La donation faite sous condition forme-t-elle un contrat synallagmatique engendrant une obligation mutuelle, de telle sorte qu'en cas d'inexécution de la condition, le donateur ait le choix, soit de faire prononcer la résolution, soit de contraindre le donataire à exécuter la condition ? ou bien, au contraire, cette donation donne-t-elle naissance à un contrat d'une forme particulière, dans lequel l'acceptation qu'il a faite ne lie point personnellement le donataire ? le don exclut-il toute idée de créance, et le donataire ne peut-il jamais être tenu au-delà de ce qu'il a reçu ?

Quelque solution que l'on donne à cette question, observons que si la condition n'a point été accomplie, la résolution n'aura jamais lieu de plain droit ; qu'elle devra toujours être prononcée en justice, parce qu'il peut être douteux si le donataire est en faute; ceci posé, voyons les effets qu'entraîne la révocation, tant à l'égard du donataire, qu'à l'égard des tiers.

Le donataire doit rendre la chose dans l'état où il l'a reçue. En effet, la donation étant conditionnelle, l'acte de dépossession du donateur n'a été lui-même que conditionnel; faute de l'accomplissement de la condition, les choses doivent être remises au même et semblable état qu'auparavant; et si la chose donnée a été amoindrie ou détériorée, le donateur pourra exiger des dommages-ntérêts; en retour, nous pensons qu'il devra indemniser le donataire des dépenses nécessaires qu'il aura pu faire, et même des dépenses utiles, mais seulement, dans ce drnier cas, jusqu'à concurrence de la plus-value; décider autrement serait méconnaître le principe que nul ne peut s'enrichir aux dépens d'autrui.

Le Code a gardé le silence sur la restitution des fruits : il était impossible, en effet, d'établir une règle uniforme pour tous les cas ; tout dépend donc des circonstances et surtout de ce que le donataire a été de bonne ou de mauvaise foi, de ce que la condition est potestative ou casuelle résolutoire; ces règles peuvent d'ailleurs être elles-mêmes soumises à beaucoup d'exceptions, et c'est sagement que le législateur a, par son silence, abandonné ces questions à la prudence du juge.

Le donateur a contre les tiers les mêmes droits que contre le donataire, quand même ils seraient acquéreurs à titre onéreux. En effet, la résolution est opérée en vertu d'une condition qui a un effet rétroactif; le droit du donataire étant résolu, celui de la personne qui le représente se trouve résolu par voie des conséquences, suivant la maxime : *resoluto jure dantis, resolvitur jus accipientis;* les tiers ne peuvent se plaindre de cette éviction qu'ils souffrent, puisque l'acte de transcription leur a révélé que la donation était soumise à des charges dont l'inexécution pouvait entraîner la révocation. Les biens rentreront donc entre les mains du donateur, libres de toutes charges et hypothèques du chef du donataire, sauf l'action récursoire des tiers contre ce dernier, et le seul moyen pour ceux-ci, ainsi que pour ceux qui auront intérêt d'éviter l'éviction, sera d'exécuter les conditions de la donation.

§ II. — *De la révocation pour cause d'ingratitude.*

La révocation pour cause d'ingratitude est une peine que la loi inflige au donataire qui s'est rendu coupable de méfaits qui, toujours répréhensibles, prennent le caractère odieux de l'ingratitude, lorsqu'ils sont commis envers un bienfaiteur.

L'ancienne jurisprudence multipliait à l'infini les causes d'ingratitude ; mais les rédacteurs du Code, craignant avec raison cet excès et les abus qui en pouvaient résulter, et voulant empêcher qu'un donateur repentant de sa libéralité pût porter devant les tribunaux des griefs imaginaires, ont pris soin de limiter et de préciser les causes d'ingratitude qui peuvent motiver la révocation.

En règle générale, il en est de l'ingratitude, relativement aux donations, comme de l'indignité relativement aux successions ; ce sont les mêmes principes qui les régissent.

Ainsi, aux termes de l'art. 955, C. C., la donation entre vifs ne peut être révoquée pour cause d'ingratitude, que dans les cas suivans : 1.º si le donataire a attenté à la vie du donateur ; 2.º s'il s'est rendu coupable envers lui de sévices, délits ou injures graves ; 3.º s'il lui refuse des alimens.

Remarquons que malgré ses termes rigoureux, cet article laisse une assez grande latitude aux tribunaux dans l'appréciation des faits qui peuvent constituer l'ingratitude. En effet, il résulte du n.º 2 de cet article, que le juge peut être considéré, en définitive, comme investi à cet égard d'un pouvoir, pour ainsi dire, discrétionnaire, puisqu'il aura toujours à décider si les faits reprochés au donataire ne constituent point une injure grave faite au donateur.

Notre article se sert d'une expression empruntée aux anciens auteurs : « Attenté à la vie. » Ici la loi n'exige pas, comme dans le cas où l'héritier est déclaré indigne (art. 727 C. C.), qu'une condamnation ait été prononcée ; le reproche pourra donc être vérifié par la voie civile, et l'on comprend cette différence, car le donataire tient tout de la libéralité du donateur, tandis que l'héritier ne tient son droit que de la loi.

Il ne faut pas non plus donner au mot délit le sens que lui attribue la loi criminelle ; ce mot ici ne désigne point seulement le préjudice causé à la personne du donateur, mais encore le préjudice causé à sa fortune ; en un mot, nous pensons que, par cette expression, il faut entendre tous les faits d'une certaine gravité, commis par le donataire, dans l'intention de nuire au donateur.

Enfin, l'injure grave résulte d'actions, de plaintes ou d'écrits outrageans, et d'autres circonstances qui attaquent l'honneur. Remarquons qu'il faut que l'injure soit grave, c'est-à-dire soit de nature à attaquer la réputation, la pro-

bité ou les mœurs du donateur, et que c'est aux tribunaux à apprécier et à déterminer le caractère de l'injure, suivant l'injure elle-même, les circonstances et
la qualité des personnes.

Bien que l'art. 955 ne reproduise point le n.° 2 de l'art. 727, il est évident
à nos yeux que le fait signalé n'en sera pas moins admis comme prouvant l'ingratitude, car le donataire qui porte contre le donateur une accusation capi-
tale, jugée calomnieuse, se rend coupable envers lui de l'injure la plus grave
et la mieux caractérisée.

Mais en sera-t-il de même du n.° 3, et le donataire majeur qui, instruit du
meurtre du défunt ne l'aura point dénoncé à la justice, commet-il envers lui
cette injure grave que la loi a voulu qualifier?

Nous pensons qu'il y a lieu de distinguer : ou le donataire ne participe pas
au bénéfice du crime, ou ses droits se confondent, pour ainsi dire, avec ceux
de l'héritier, il recueille personnellement et directement le fruit du crime, par
exemple si la tradition des objets donnés a été subordonnée au décès du donateur, si la donation a été faite sous réserve d'usufruit ou à charge d'une rente
viagère.

Dans le premier cas, nous pensons que le silence du donateur, tout blâ-
mable qu'il soit aux yeux de la morale, ne pourra cependant constituer nécessairement aux yeux de la loi un délit punissable ; dans le second cas, au contraire, il encourra le même blâme que l'héritier, et devra être frappé de la
même déchéance.

Le refus d'alimens est la dernière cause d'ingratitude déterminée par le Code.
L'article 955 a tranché une controverse qui existait sous l'ancienne jurisprudence, bien qu'elle fût presque généralement résolue dans le sens de l'affirmative. C'est, en effet, une chose indigne, de la part du donataire, de refuser
un secours alimentaire à celui qui s'est dépouillé pour lui, et à qui il doit
peut-être son aisance : mais il faut que le donataire puisse fournir ces alimens, et que le donateur soit dans le besoin. La circonstance que ce dernier
aurait des enfans n'affranchirait point l'autre de cette dette sacrée, sauf à lui,
si cette obligation lui est trop à charge, de s'y soustraire en abandonnant la
donation.

La révocation, pour cause d'ingratitude, est une peine prononcée par la loi
dans l'intérêt du donateur ; or, comme ce dernier, s'il est maître de demander
réparation de l'offense commise envers lui, est aussi maître de pardonner,

l'action n'est plus recevable lorsqu'il y a de sa part remise expresse ou présumée ; et comme on ne peut admettre que le ressentiment subsiste lorsqu'il tarde trop à se manifester, il s'ensuit que la révocation pour cause d'ingratitude n'aura jamais lieu de plain droit, qu'il faudra la demander en justice, et qu'elle devra l'être dans l'année à compter du jour que ce délit aura pu être connu du donateur. De ce principe résulte encore que l'action compète au donateur seul contre le donataire seul, et que les héritiers du donateur ne pourront intenter l'action, à moins que le donateur ne soit décédé dans l'année du délit, parce qu'alors on ne peut présumer le pardon. Par la même raison, si le donateur meurt après avoir intenté l'action, ses héritiers pourront suivre.

Ici se présente une question : l'action ne peut être formée que contre le donataire et non contre ses héritiers ; mais si l'action avait été commencée contre le donataire, et qu'il vînt à mourir pendant l'instance, pourrait-on reprendre cette instance contre ses héritiers ? Nous pensons que l'on doit se décider pour l'affirmative ; cela ressort pour nous de l'expression même *ne pourra être demandée*, dont se sert l'article 957, et de la maxime : *omnes actiones quœ morte aut tempore pereunt, semel inclusœ judicio, salvœ permanent* (§ loi 139, *de Reg. juris*).

Enfin, la minorité ne saurait être une excuse pour le donataire : *in delictis neminem œtas excusat.*

A l'égard des tiers, les conséquences diffèrent de celles qui ont lieu au cas de révocation pour inexécution des conditions et pour survenance d'enfans. Dans cette circonstance, en effet, les tiers sont toujours de bonne foi, et on ne peut rien leur reprocher, « parce que, » pour nous servir des expressions de Furgole, « ceux qui contractent avec le donataire ne peuvent pas prévoir « le cas d'ingratitude. C'est une espèce de crime odieux dont on ne doit pas « penser que le donataire soit capable. » Ainsi donc, à l'égard des tiers, la révocation pour toute aliénation, hypothèque ou autre charge réelle, ne pourra être invoquée qu'à partir, non point du jour de la demande ni du jour du jugement, mais seulement à partir du jour où ils auront été avertis par l'inscription de l'extrait de la demande qui aura été faite en marge de la transcription de la donation, conformément à l'article 939 C. C. A partir de ce jour, les tiers ne pourront plus acquérir, mais jusque-là leur titre sera inattaquable, et le donateur n'aura de recours à exercer que contre le donataire.

A l'égard du donataire lui-même, la loi ne fait remonter les effets de la révocation qu'au jour de la demande, car, la révocation étant toujours facultative, jusque-là il était de bonne foi.

Bien qu'en règle générale toute donation soit révocable pour cause d'ingratitude, ce principe souffre cependant exception lorsqu'il s'agit des donations faites en faveur du mariage qui ne sont pas révocables pour cause d'ingratitude.

L'article 959. C. C., qui consacre cette exception, a soulevé beaucoup de controverses. Ne doit-on appliquer cette exception qu'aux donations faites par des tiers aux époux et non point aux donations entre époux, et dire que l'expression dont se sert l'article 959 n'a point, dans cet article un sens aussi étendu que dans l'article 960 ?

Nous pensons, quant à nous, qu'il y a lieu de se décider pour l'affirmative. En effet, pourquoi a-t-on admis cette irrévocabilité absolue, même au cas d'ingratitude, des donations faites aux époux en faveur de mariage, c'est parce que ces donations ont particulièrement lieu en faveur des enfans à naître du mariage, et que ceux-ci ne doivent point se trouver exposés à être dépouillés des biens donnés par suite d'une faute qu'ils n'ont point commise. Mais ces motifs ne peuvent être invoqués pour la révocation des donations entre époux ; cette révocation, en effet, leur est indifférente, puisqu'ils profiteront toujours des biens donnés, soit qu'ils les recueillent dans la succession de l'époux donateur, soit qu'ils les recueillent dans celle de l'époux donataire.

CHAPITRE II.

De la révocation des testamens et de leur caducité.

Dans tous les temps et dans tous les pays, la volonté des mourans a toujours été regardée comme sacrée ; de là l'effet attaché par la loi au testament, que nous pouvons définir : un acte par lequel une personne dispose, pour le temps où elle ne sera plus, de tout ou partie de ses biens, et qu'elle peut révoquer ; car, pour que le testament produise son effet, il faut que le testateur ait persévéré dans sa volonté jusqu'à ses derniers momens.

Plusieurs causes peuvent produire la révocation d'un testament : d'abord, le testateur peut révoquer lui-même son testament, soit expressément, soit même tacitement, lorsque certains faits, certaines circonstances viennent prouver de sa part changement de volonté ; dans certains cas, à cause de l'importance de cet acte, c'est la loi elle-même qui prononce la révocation ; quelquefois, enfin, ce résultat est amené par le fait du légataire lui-même.

Nous diviserons donc notre chapitre en trois paragraphes, et nous traiterons, dans le premier, de la révocation provenant du fait du testateur ; dans le second, de la révocation légale et judiciaire ; et enfin, dans le dernier, de la révocation provenant du fait du légataire.

§ Ier. — De la révocation provenant du fait du Testateur.

Les dispositions testamentaires étant censées l'expression de la dernière volonté du testateur, il suit de là que le testateur peut toujours les changer, modifier ou révoquer, et qu'il ne peut s'interdire ni même gêner sa liberté d'user en tout temps de cette faculté : *non potest sibi testamento eam legem dicere non liceat* (loi 22, § *de Leg.*). Ce principe ne souffre d'exceptions que dans le cas des institutions contractuelles qui, à cause de leur affinité avec les donations, en ont reçu l'un des caractères, l'irrévocabilité.

Un testament peut donc toujours être révoqué par le changement de volonté du testateur, soit d'une manière explicite, en termes formels, soit tacitement, par suite de certaines circonstances qui suffisent pour motiver la preuve d'un changement de volonté.

De la révocation expresse.

Si l'on ne suivait que la simple raison, on dirait que, le testament ne tirant sa force que de la volonté du testateur, la révocation devra s'opérer toutes les fois que le changement de volonté sera constaté d'une manière non équivoque par l'un des genres de preuve reçus en justice ; mais, pour éviter les fraudes dans un acte aussi important, la loi a voulu plus de garantie, et n'a permis au testateur de révoquer son testament, en tout ou en partie, que par un testament postérieur ou par un acte devant notaire, portant déclaration de changement de volonté ; un acte reçu par tout autre officier public ne suffirait pas, car c'est à dessein que le Conseil-d'Etat a remplacé ces mots : *acte authentique*, qui se trouvaient dans la première rédaction, par ceux-ci : *acte devant notaire ;* et bien plus, l'art. 2 de la loi du 21 juin 1843 a exigé une autre formalité, la présence du notaire en second ou des deux témoins, et mention de cette présence tout au moins à la lecture et à la signature de l'acte.

L'article 1035, C. C., qui détermine la révocation expresse par le testateur, a une origine historique qu'il est important de connaître pour avoir une idée exacte de cet article, et pouvoir résoudre les questions auxquelles il donne lieu ; nous allons donc retracer cette origine en quelques mots.

A Rome, les testamens étant considérés comme des lois particulières dérogeant à la loi générale des testamens *ab intestat*, qui n'avait de force qu'à défaut de testament, ne pouvaient être révoqués par la seule volonté du testateur : *nuda voluntate ;* il n'y avait qu'un autre testament solennel qui pût produire cet effet (*Instit.*, § 7, *quibus modis testamenta infirmantur*), car une loi ne peut être révoquée que par une autre loi : *lex lege tollitur ;* il s'ensuivait donc que, pour révoquer un testament, il fallait employer les mêmes formalités qui lui avaient donné l'existence : *nihil tam naturale est, quam eo genere quidquid dissolvere, quo colligatum est* (loi 35, § *de R. J.*). Il n'en était pas de même à l'égard des legs et des fidéicommis, bien qu'on suivît la même maxime ; en effet, comme on pouvait les faire sans aucune sorte de solennité : *in epistola, vel libello, imo etiam nutu* (loi 22, *Cod. de fideicomm.*), et qu'ils pouvaient être révoqués sans détruire la loi du testament ; la simple volonté du testateur suffisait pour opérer cette révocation.

En France, depuis l'ordonnance de 1735, qui prescrivait certaines formalités pour les legs et les fidéicommis, on observait ces mêmes formalités, dans les pays de droit écrit, pour la révocation, suivant la maxime : *nihil tam naturale ;* dans les pays de coutume, au contraire, la simple volonté du testateur, consignée dans un écrit quelconque, suffisait parfaitement.

Lors de la première rédaction du Code, le droit romain l'emporta, et l'article proposé portait : « Les donations testamentaires ne peuvent être révoquées, « en tout ou partie, que par une déclaration de changement de volonté, faite « dans l'une des formes dans lesquelles peuvent être faites les donations à cause « de mort. »

Dans la séance du 27 ventôse an XI, M. Tronchet observa qu'il devait suffire d'une déclaration devant notaire. Cet amendement fut adopté. Enfin, sur l'observation de M. Berlier, le conseil admit qu'un premier testament pouvait être révoqué par un second testament, nul en la forme, et décida que cette doctrine serait convertie en disposition.

Cependant, après plusieurs manutentions successives, après un changement de rédaction proposé par le tribunat, l'article promis n'a point été inséré dans le Code.

C'est donc encore une question aujourd'hui, de savoir si un acte nul comme testament, peut valoir comme révocation.

En présence de l'article 1035, nous pensons que si la clause de révocation est insérée dans un second testament, nul comme testament, mais revêtu des formalités nécessaires pour la validité des actes notariés ordinaires, elle suffit pour révoquer le premier testament, en appliquant la maxime : *utile per inutile non vitiatur*. L'article 1035, en effet, permet de révoquer les testamens par un acte devant notaire, portant déclaration de changement de volonté, nous pensons, d'après cela, qu'on peut considérer l'acte dont il s'agit comme en contenant deux distincts, un testament et une révocation, et dans cette hypothèse pourquoi la nullité de l'un entraînerait-elle celle de l'autre ?

Lorsqu'un testament postérieur ne révoque pas d'une manière expresse les précédens, il n'annulle dans ceux-ci que celles des dispositions y contenues, incompatibles avec les nouvelles ou qui y sont contraires. Si donc un nouveau testament, nul en la forme, n'infirmait qu'en partie les dispositions du premier, nous pensons qu'il ne saurait y avoir révocation des dispositions maintenues, puisque la révocation n'est jamais que la conséquence d'un changement de volonté, et que ce changement de volonté n'existerait point.

Enfin, l'art. 1037 a tranché une question très-controversée autrefois ; aujourd'hui, lorsqu'une fois la révocation a été opérée, le testament ne peut plus revivre sans un changement de volonté de la part du disposant, quoique ce nouvel acte reste sans exécution par l'incapacité de l'héritier institué, ou du légataire, ou par leur refus de recueillir.

De la révocation tacite.

Comme nous l'avons dit plus haut, la révocation des dispositions testamentaires provenant du fait du testateur, peut avoir lieu de deux manières : expressément ou tacitement. Nous voici arrivés à ce second mode de révocation.

La révocation tacite résulte :

1.° De la translation du legs, c'est-à-dire quand il y a attribution de la chose léguée à une autre personne que le légataire primitif ;

2.° Du changement dans la nature et dans la modalité de la disposition : par exemple, si un legs a été fait purement à une personne, et si, par une disposition postérieure, on lègue le même objet à la même personne, sous condition, la première libéralité se trouve révoquée, et la seconde seule subsiste. Il y a également révocation, lorsque le testateur lègue une chose à la place d'une autre précédemment léguée, et, enfin, lorsque le testateur lègue à la même personne une partie de la chose qu'il lui avait antérieurement léguée en totalité;

3.° De la destruction et des altérations matérielles du testament. Bien que ce soit là l'une des preuves les plus concluantes du changement de volonté du défunt, comme la décision dépendra presque toujours des circonstances de fait, le Code garde le silence sur ce mode de révocation, qu'il abandonne entièrement à l'appréciation du juge ;

4.° Enfin, de l'aliénation de la chose léguée. Ce principe est consacré par l'art. 1038 C. C., qui porte : « Toute aliénation, celle même par vente avec « faculté de rachat ou par échange, que fera le testateur de tout ou partie de « la chose léguée, emportera la révocation du legs, pour tout ce qui aura été « aliénée, encore que l'aliénation postérieure soit nulle et que l'objet soit ren- « tré dans la main du testateur. »

La lecture de cet article suggère dès l'abord deux observations :

La première, c'est qu'il ne faut point l'entendre d'une manière trop absolue en ce qui concerne la nullité de l'aliénation postérieure; c'est-à-dire que l'on ne doit appliquer cet article que lorsqu'il y a eu, de la part du testateur, intention d'aliéner, par exemple, si la vente est révoquée pour cause de lésion ; mais il n'en saurait être de même lorsque la nullité est fondée sur une des causes qui vicient le consentement. Ainsi, si l'aliénation a été extorquée à l'aide de violence, le legs subsistera.

La seconde, c'est que les dispositions de cet article ne s'appliquent qu'aux legs particuliers. En effet, lorsque le testateur dispose à titre universel, il ne lègue pas seulement des biens présens, il confère en outre un droit éventuel sur les biens qu'il laissera au jour de son décès. Dès-lors, peu importe au légataire universel ou à titre universel, que depuis la confection du testament le testateur ait aliéné des biens, pourvu que ces biens se retrouvent dans la succession.

Le changement de volonté devant apparaître, il s'en suit que si le testateur n'a point aliéné, mais simplement engagé la chose léguée, ou s'il lui a imposé des charges, il n'y aura pas révocation, car on doit supposer que le testateur se proposait de dégager ou de dégrever la chose.

Mais si l'aliénation avait été faite sous une condition, et que l'événement ne se réalisât pas, la disposition serait-elle révoquée? Nous ne le pensons pas ;

car l'aliénation ne devant avoir lieu que par suite de l'événement de la condition, et cette condition ne s'étant pas réalisée, l'aliénation est censée ne pas avoir
eu lieu.

Enfin, que doit-on décider lorsque c'est au profit du légataire lui-même
que l'aliénation a été faite? Nul doute que, si l'aliénation est à titre onéreux,
le changement de volonté étant manifeste, on ne doive dire que la révocation aura lieu. Mais doit-on décider de même si l'aliénation a eu lieu à titre
gratuit? Ici les motifs de décider ne sont pas les mêmes; on peut dire que le
testateur, en donnant de son vivant ce qu'il voulait donner après sa mort, a
plutôt confirmé que révoqué son intention première; et de là on doit conclure
que, dans cette espèce, si la donation était nulle, le legs demeurerait valable.

§ II. — *De la révocation par la disposition de la loi.*

Nous n'entendons point parler sous ce paragraphe de l'annullation des testamens qui a lieu, soit par suite de l'inobservation des formalités prescrites par
la loi, soit par suite de l'incapacité du testateur, mais seulement du cas où la
loi prononce la révocation d'un testament valable dans son principe.

Dans l'état actuel de notre législation, une seule cause révoque de plain
droit un testament, c'est la mort civile. Dans ce cas, aux termes de l'art. 35
C. C., les biens du testateur mort civilement sont dévolus de la même manière
que s'il était mort naturellement et sans testament.

La survivance d'enfans, qui opère de plain droit la révocation des donations
entre vifs, n'opère point celle des donations testamentaires, car le testateur pou-
vant à son gré changer ses dispositions de dernière volonté, les motifs qui ont
fait admettre la révocation des donations entre vifs n'existent point pour les
testamens.

Il peut cependant se présenter un cas qui a excité quelques controverses et
où l'on peut, comme lorsqu'il s'agit de donations entre vifs, présumer que le
testateur eût révoqué son testament s'il eût su qu'il lui surviendrait un enfant,
c'est lorsqu'il meurt ignorant la grossesse de son épouse. Toutefois, en présence du silence absolu que la loi garde sur ce point, nous pensons qu'on ne
peut créer des nullités ou des causes de nullité et de révocation, et que, dans
ce cas même, le testament devra recevoir son effet, sauf, bien entendu, la
réduction à la quotité disponible.

§ III. — *De la révocation provenant du fait du légataire.*

De même que pour les donations entre vifs, la révocation des dispositions testamentaires aura lieu, 1.° si le légataire n'exécute point les conditions sous lesquelles le legs lui est fait; 2.° s'il a attenté à la vie du testateur, ou même s'il s'est rendu coupable envers lui de sévices, délits ou injures graves. Si cependant le testateur avait pardonné, la révocation serait couverte ; mais dans ce cas c'est au légataire à prouver le pardon.

Le refus d'alimens n'a point été mis au nombre des causes de révocation des dispositions testamentaires, en cette circonstance. En effet, le légataire ne peut être taxé d'ingratitude, puisque le testament, essentiellement révocable, ne confère aucun droit actuel, et que les legs ne sont régulièrement connus qu'au moment du décès.

Il est évident que lorsqu'il y aura lieu à révocation pour un de ces motifs, elle ne le sera jamais de plain droit, et devra toujours être prononcée par les tribunaux ; mais dans quel délai l'action devra-t-elle être intentée ?

Ici, il faut distinguer s'il s'agit d'inexécution des conditions : la demande ne se prescrira que par trente ans, et le délai ne commencera à courir que du jour où le légataire aura négligé de remplir les charges imposées. S'il s'agit d'indignité, l'action devra être intentée dans l'année du jour où le délit imputé au légataire aura pu être connu du débiteur du legs. De plus, la peine des délits étant personnelle, la révocation ne pourra être demandée contre les héritiers du légataire décédé, à moins que la demande ait été formée du vivant de celui-ci.

La loi traite, et avec raison, plus sévèrement les légataires que les héritiers : il semble donc qu'on devrait étendre aux legs le défaut de dénonciation du meurtre du testateur; mais la loi est muette, et l'on ne saurait étendre une disposition pénale d'un cas à un autre.

CHAPITRE III.

De la caducité des legs et des donations par contrat de mariage , et du droit d'accroissement.

Il peut encore arriver que les donations testamentaires et les institutions contractuelles soient déchues ou privées de leur effet, pour autres causes qu'un vice qui les annulle dans leur principe, lorsque la condition à laquelle la loi ou la volonté du testateur avait attaché la transmission ne se trouve pas réalisée. On appelle caduques les testamens ou institutions contractuelles qui se trouvent ainsi privés de leur effet. L'examen des règles de la caducité va faire l'objet de notre présent chapitre, que nous diviserons en deux sections : dans la première, nous nous occuperons de la caducité des legs et des donations par contrat de mariage ; dans la seconde, nous verrons ce que deviennent les dispositions caduques et à qui elles profitent. Nous diviserons notre première section elle-même en deux paragraphes : nous traiterons dans le premier de la caducité des legs ; dans le second, de la caducité des institutions contractuelles.

SECTION Ire.

De la caducité des dispositions testamentaires et des donations par contrat de mariage.

§ Ier. — De la caducité des legs.

La disposition caduque, comme son nom lui-même (*cadere*, tomber) l'indique, est celle qui demeure sans effet, par suite d'un fait accidentel et imprévu, dont l'événement fait qu'il n'y a plus réellement institution.

Les causes de caducité indiquées par le Code sont au nombre de cinq ; ce sont : 1.° le décès de celui en faveur de qui la disposition testamentaire a été faite, arrivé avant celui du testateur ; 2.° la perte de la chose léguée ; 3.° le refus d'acceptation du legs ; 4.° l'incapacité du légataire ou de l'héritier institué ; 5.° et enfin le défaut d'accomplissement, pendant la vie du légataire, de l'événement sous la condition duquel la disposition a été faite.

I. La disposition est caduque si le légataire vient à mourir avant le testateur. En effet, à la différence des conventions dans lesquelles celui qui stipule est toujours censé stipuler pour lui et ses héritiers, la disposition testamentaire est toute personnelle ; la représentation ne saurait avoir lieu comme dans les successions ; car, si elle a lieu dans ce dernier cas, c'est parce que les enfans sont considérés comme ayant un droit sur les biens de leur père, ce qui ne peut avoir lieu lorsqu'il s'agit de dispositions à titre gratuit. Si donc le testateur étend son affection aux enfans du légataire, il devra faire en leur faveur une substitution vulgaire.

S'il y avait incertitude sur l'existence de la personne instituée, nous pensons qu'il faudrait se reporter à l'art. 135, C.C., et que le legs devrait être réputé caduc jusqu'à ce qu'il y ait preuve de l'existence de l'héritier institué au moment de l'ouverture de la succession.

II. Le legs sera également caduc si le légataire meurt avant l'accomplissement de la condition, mais ici la loi elle-même établit une distinction entre la condition absolue et la simple condition suspensive.

Si la condition ne fait que suspendre l'exécution, il n'y a point de caducité ; la condition peut s'accomplir utilement après la mort du légataire, qui transmet l'espérance à ses héritiers ; car le droit s'est ouvert pour lui à partir de l'ouverture de la succession.

Si, au contraire, l'événement de la condition suspend la disposition elle-même, il y a caducité si l'événement prévu ne trouve pas le légataire vivant et capable, car le testateur est censé avoir envisagé l'événement lui-même pour l'ouverture du droit. L'existence de ces dernières dispositions est donc doublement incertaine ; elles seront caduques si l'événement ne s'accomplit pas ; elles le seront encore, malgré l'événement de la condition, si le décès du légataire précède cet événement.

Du reste, la distinction posée par la loi entre ces deux sortes de conditions se réduira toujours à une appréciation de la volonté du testateur qui sera déterminée par les faits.

III. Le legs est encore caduc par la perte de la chose léguée, en tout ou en partie, si l'événement est arrivé pendant la vie du testateur ou après sa mort, sans le fait ou la faute de l'héritier (art. 1042).

L'article 1042, que nous venons de rapporter, ne fait qu'appliquer aux testestamens les dispositions relatives aux conventions en général, quand il y a perte de la chose, objet de la convention ; et remarquons, à l'égard de la disposition finale de cet article, que le legs n'est point, à proprement parler, caduc, mais que le légataire n'a point d'action, parce que la chose a péri pour lui (*res perit domino*). Remarquons, en outre, que cette disposition n'est applicable qu'aux legs de corps certains et déterminés.

Il résulte de notre article que si la chose n'a point totalement péri, le legs sera dû pour ce qui reste. Il y a cependant une distinction à établir : le legs ne sera point dû si la chose principale a péri, ou si elle a été convertie en une autre substance ; ainsi le légataire n'aura aucun droit aux harnais d'un cheval mort pendant la vie du testateur ; il ne pourra non plus réclamer les étoffes fabriquées avec la laine qui lui aura été léguée ; mais le legs ne sera point éteint s'il reste une partie intégrante de la chose léguée.

Cette distinction ne saurait trouver d'application lorsque ce n'est que depuis l'ouverture de la succession que la chose a péri : le droit, en effet, était acquis, et c'est le cas d'appliquer la maxime : *quod ex re mea super est meum est.*

IV. Le consentement de la partie gratifiée étant nécessaire à la perfection du contrat, il s'ensuit qu'il y aura encore caducité du legs si le légataire refuse de recueillir la libéralité (art. 1043) ou s'il laisse prescrire son droit.

Ajoutons que la répudiation ne se présume jamais et doit être expresse, et que le silence du légataire ne saurait emporter révocation, à moins que le testateur n'ait exigé, par une disposition formelle, l'acceptation dans un délai déterminé. C'est ce qui avait lieu, en droit romain, lorsque l'héritier était institué avec crétion; s'il n'avait point fait adition dans le délai fixé, il était regardé comme renonçant : *cretio est certorum dierum spatium quod datur instituto hœredi ad deliberandum : non aliter excluditur quam si intra dies cretionis non creverit* (*Ulp.*, *tit.* 23 ; — C. C., art. 1043).

V. Enfin, le legs sera encore caduc si le légataire est incapable, au moment de l'ouverture du droit, lorsque le legs est pur et simple ; si le legs est conditionnel, le légataire devra être capable, non-seulement au moment de l'ouverture du droit, mais encore au moment où la condition se réalisera (art. 906 et 1040, C. C.).

Nous venons d'examiner les différentes causes de caducité énumérées par la loi ; il nous reste maintenant à appliquer les principes que nous venons de poser aux institutions contractuelles, après quoi nous arriverons aux effets de la caducité.

§ II. — *De la caducité des donations par contrat de mariage.*

La faveur accordée au mariage a dû rendre et a rendu en effet le législateur moins rigoureux relativement à l'observation de certaines formalités jugées nécessaires pour les donations ordinaires, et a dû lui faire admettre quelques exceptions.

Les dispositions qui nous occupent, en effet, ont un caractère spécial, et participent à la fois des donations entre-vifs ordinaires et des testamens ; des donations, en ce qu'elles sont irrévocables, en ce sens, du moins, que le donateur ne peut plus disposer à titre gratuit des objets compris dans la donation, si ce n'est pour des sommes modiques, à titre de récompense ou autrement (art. 1083); des testamens, en ce que le dessaisissement du donateur n'est pas actuel, mais reporté au jour de son décès.

Il y a quatre espèces de donations par contrat de mariage : 1.° la donation des biens présens; 2.° celle des biens à venir; 3.° celle des biens présens et à venir; 4.° et enfin la donation faite sous des conditions potestatives.

Les donations de biens présens, quoique faites par contrat de mariage aux époux ou à l'un d'eux, sont soumises aux principes généraux qui régissent les donations entre-vifs ; la caducité ne peut leur être appliquée, car l'époux donataire acquiert immédiatement sur les biens donnés un droit irrévocable de propriété qu'il transmet lui-même à ses héritiers.

Mais il n'en est point de même des trois autres espèces de donations faites par contrat de mariage ; pour celles-ci, en effet, le droit ne s'ouvre qu'au décès de l'instituant, et la donation deviendra caduque si le donateur survit à l'époux donataire et à sa postérité (art. 1089).

C'est improprement que nous nous servons avec l'art. 1089 du mot *postérité* ; ce terme s'applique également aux enfans à naître d'un premier, d'un second ou d'un troisième mariage ; et évidemment ici notre article n'a eu en vue que les enfans à naître du mariage même que l'on allait célébrer au moment de la donation.

Lorsqu'il y a lieu à caducité à propos d'une institution contractuelle , une question se présente : à qui incumbera la preuve du prédécès, soit du donateur, soit du donataire et de ses enfans ?

A ne prendre que les termes de l'art. 1089, on pourrait croire que le prédécès du donateur est toujours présumé ; cependant cette interprétation ne nous parait point tout-à-fait conforme à l'esprit de la loi, et il nous semble résulter de la combinaison des art. 1039, 135 et 136 C. C., que c'est aux héritiers du donataire à prouver que leur auteur a survécu.

SECTION II.

Des effets de la caducité et du droit d'accroissement.

L'accroissement est le droit de réunir à sa portion la part de celui qui la refuse ou ne peut la recueillir ; en d'autres termes, le droit d'accroissement a pour effet d'attribuer à un seul des institués la totalité du legs fait au profit de plusieurs, alors que tous les autres institués sont mis dans l'impossibilité de recueillir leur portion dans la chose commune.

Le droit d'accroissement prend sa source dans la volonté du testateur et dans la solidarité de vocation : ainsi le testateur peut attribuer le bénéfice de la caducité à telle personne qu'il désigne ; c'est ce qui a lieu dans le cas de substitution vulgaire ; on peut même dire qu'il y a également lieu d'attribuer le bénéfice de la caducité à celui à qui le testateur avait dessein de l'attribuer, lorsque l'on doit supposer que telle était son intention, bien qu'il ne l'ait point dit d'une manière formelle.

Hors ces deux cas, une condition essentielle est requise pour qu'il y ait lieu à accroissement, il faut que le legs ait été fait conjointement à plusieurs, c'est-à-dire que la disposition ait été faite d'un seul contexte au profit de plusieurs institués appelés au même titre pour se partager entre eux l'objet légué, sans qu'il y ait à chacun d'eux assignation de part.

Autrefois on divisait les dispositions conjonctives en trois classes :

1.° La conjonction réelle, *re tantum*, qui avait lieu lorsque le même objet était donné à plusieurs par des dispositions distinctes, par exemple : Je lègue le fonds cornélien à Titius ; je lègue le fonds cornélien à Caïus ;

2.° La conjonction verbale *verbis tantum*, qui avait lieu lorsque le testateur, après avoir attribué le même objet à plusieurs par une seule disposition, ajoutait l'indication pour chacun des institués de droits égaux, par exemple : Je lègue le fonds cornélien à Titius et à Caïus par portions égales ;

3.° Enfin, la conjonction mixte : *re et verbis*, qui exprimait dans son contexte une simple attribution d'un seul objet à plusieurs ; par exemple : Je lègue le fonds cornélien à Titius et à Caïus.

De toutes ces dispositions conjointes, celle que notre Code a en vue, est l'ancienne conjonction mixte : *re et verbis*.

Nous pensons cependant que ce n'est point la seule conjonction qui doive produire son effet sous notre droit actuel, et que la conjonction verbale devra, elle aussi, produire le sien ; car la prétendue assignation de parts qui existe alors n'en est point réellement une, puisqu'elle n'ajoute rien à la disposition. Quelle différence, en effet, y a-t-il entre donner une chose à deux ou trois personnes, ou la leur donner en commun pour exercer chacun des droits égaux ? le testateur exprime alors seulement ce qui est de droit et ce qu'il n'était pas nécessaire d'exprimer, que ceux qui possèdent au même titre une même chose, ont sur elle des droits égaux, voilà tout.

Nous devons dire cependant que, sous l'ancien droit, la décision était contraire, et qu'aujourd'hui encore c'est une question controversée.

Lorsqu'il s'agit de la conjonction réelle, il n'est nul besoin d'invoquer le droit d'accroissement ; car si l'une des dispositions est caduque, rien n'empêchera l'exécution de l'autre qui est intégrale.

La question nous paraît plus difficile lorsqu'il faut exécuter simultanément les deux dispositions ; on devra, dans ce cas, se décider d'après les circonstances, et voir dans la seconde disposition une révocation de la première, ou attribuer à chacun des institués un droit égal sur la chose, suivant qu'il apparaîtra de l'intention du testateur.

Ainsi, lorsque l'usufruit a été légué à l'un et la nu-propriété à l'autre, si le legs d'usufruit devient caduc, il se réunit à la nu-propriété ; mais si le testateur a légué conjointement à plusieurs l'usufruit, comment s'opérera l'accroissement ?

Doit-on dire que le legs d'un usufruit en faveur de plusieurs personnes leur donne le droit de jouir de la totalité de la chose leur vie durant, de telle sorte que la part des prémourans accroîtra nécessairement à chacun des institués, et que la consolidation de l'usufruit à la nue-propriété n'aura lieu qu'au décès du dernier mourant ?

Ou bien doit-on, au contraire, considérer l'usufruit comme divisible entre les co-légataires, et vouloir la consolidation de la part de chacun d'eux, comme cela arrive pour le legs de propriété fait à plusieurs ?

Cette question qui, d'ailleurs, divise les meilleurs esprits, nous paraît bien difficile à résoudre ; cependant nous croyons la première manière de décider plus conforme à l'esprit de la loi, par cette raison surtout qu'en faisant une disposition conjointe d'un usufruit au profit de plusieurs, le testateur a séparé lui-même l'usufruit de la nue-propriété, en faveur de chacun des institués.

Enfin, il peut arriver que la conjonction résulte de la force même des choses et que la volonté du testateur se trouve suffisamment manifestée par la nature de l'objet légué, peu importe alors que la conjonction existe dans les termes. Ainsi, le legs sera réputé fait conjointement, quand une chose qui n'est pas susceptible d'être divisée sans détérioration, aura été donnée par le même acte, à plusieurs personnes, même séparément. (Art. 1045.)

Mais il faut que ce soit par le même acte que cette chose ait été léguée à plusieurs personnes, car si elle l'avait été par des actes séparés, les légataires ne seraient pas conjoints, et la dernière disposition révoquerait la première.

Et bien que la chose ne soit pas susceptible de partage sans détérioration, l'accroissement n'aura pas lieu non plus si le testateur avait assigné à chacun sa part; les dispositions sont alors distinctes, sauf, bien entendu, ce que nous avons dit plus haut relativement à l'assignation faite par portions égales.

Le droit d'accroissement n'aura pas lieu non plus si la chose a été léguée à plusieurs sous une alternative, par exemple : Je lègue à Titus ou à Caïus le fonds Cornélien. Ces légataires ne sont pas conjoints, mais créanciers solidaires de la chose léguée, et l'héritier se libérera par la délivrance de la chose à l'un ou à l'autre.

Enfin, quant au point de savoir si la chose est ou non susceptible de division sans détérioration, c'est une question de fait laissée à l'appréciation du juge ; mais en cela, comme en tout ce qui concerne cette matière, l'appréciation du juge devra s'arrêter devant l'expression formelle de la volonté du testateur.

Versailles. — DUFAURE, Impr. de la Préfecture, rue de la Paroisse, 21.